Inhalt

Kommt eine neues Börsensegment für junge und mittelständische Unternehmen?

Kernthesen

Beitrag

Fallbeispiele

Weiterführende Literatur

Impressum

Kommt eine neues Börsensegment für junge und mittelständische Unternehmen?

M. Floßmann

Kernthesen

- Das Deutsche Aktieninstitut fordert ein deutschlandweites Wachstumssegment für kleine und mittlere Unternehmen.
- Vorteil eines speziellen Segments für die Unternehmen: mehr Aufmerksamkeit seitens der Investoren und Analysten; zudem sollte der Börsengang vergleichsweise weniger kostenintensiv und

mit geringeren Publizitätspflichten verbunden sein.
- Sehr erfolgreich ist vor allem das Segment AIM (Alternative Investment Market) der Börse London mit über 300 Erstnotierungen in 2004.
- Kontrovers diskutiert wird, ob hierzulande ausreichende Nachfrage sowohl seitens der entsprechenden Unternehmen als auch bei den Investoren vorhanden ist.
- Ein Konzept für ein Mittelstandssegment wird die Börse München unter der Bezeichnung M:access ab Juli 2005 umsetzten.

Beitrag

Deutsche Mittelständler weisen im internationalen Vergleich unterdurchschnittliche Eigenkapitalquoten auf. Die Möglichkeit der Kapitalbeschaffung über die Börse wird insbesondere bei kleinen und mittelgroßen Unternehmen aufgrund der damit verbundenen Kosten und Publizitätsanforderungen kritisch gesehen.
Das Deutsche Aktieninstitut fordert daher ein neues Marktsegment für kleine und mittelgroße Unternehmen an der Deutschen Börse. Damit soll den betreffenden Firmen die Chance gegeben werden,

mehr Investoreninteresse auf sich zu lenken.

Situation in Europa

Ein sehr erfolgreiches Wachstumssegment gibt mit dem Alternative Investment Market (AIM) an der Börse London bereits seit 1995. Hierbei profitiert der Börsenplatz London im Vergleich zu Deutschland von steuerlichen Anreizen sowie weniger strengen Publizitätspflichten.
Darüber hinaus wird Euronext (Zusammenschluss der Börsen Paris, Brüssel, Amsterdam und Lissabon) ab Mitte Mai eine neue Plattform unter der Bezeichnung Alternext starten. (1)
Entsprechenden Bedarf sieht man gegeben, nachdem von über einer Million kleiner und mittelständischer Unternehmen in der Euro-Zone nicht einmal ein Prozent börsennotiert sind.
Vorteil für die Unternehmen: beispielsweise wird ein IPO am Segment Alternext rund 30 bis 40 Prozent kostengünstiger im Vergleich zum Hauptmarkt und zudem weniger berichtsintensiv sein. (5)

Situation in Deutschland

An der Deutschen Börse gibt es derzeit kein Konzept für ein spezielles Mittelstandssegment. Nachdem Anfang des Jahres 2005 ein eigener Index für familiengeführte Unternehmen, der GEX, eingeführt wurde, denkt man über die Implementierung eines Mittelstandsindex nach.

Initiativen mit Fokus auf den Mittelstand gibt es von den Regionalbörsen. Jedoch ist beispielsweise das Segment Gate M der Börse Stuttgart bislang nur mäßig erfolgreich. Ab Juli diesen Jahres bietet auch die Börse München eine vergleichbare Plattform für mittelständische Unternehmen an.
Experten wünschen sich einen deutschlandweiten Ansatz und schätzen die Erfolgsaussichten der regionalen Konzepte als gering ein. (4)

Offene Punkte

-Wird die Deutsche Börse AG den Forderungen nach einem neuen Marktsegment für kleine und mittelgroße Unternehmen nachkommen?
-Ist überhaupt Nachfrage bei den entsprechenden Unternehmen vorhanden?
-Wäre ggf. auch entsprechendes Investoreninteresse vorhanden?

Fallbeispiele

Alternext:

Die Vierländerbörse Euronext (Paris, Brüssel, Amsterdam und Lissabon) startet unter der Bezeichnung Alternext Mitte Mai ein neues Segment für kleinere Unternehmen aus den Euroländern. Die Börsenkandidaten -bislang zehn an der Zahl- unterliegen einer halbjährlichen Berichtspflicht und müssen mindestens 2,5 Mio. EUR Free Float oder eine Privatplatzierung von 5 Mill. EUR oder mehr an mindestens fünf Investoren aufweisen. Kursrelevante Informationen sowie Director´s Dealings müssen publiziert werden (7)
Börsenkandidaten: Meilleurtaux, Kreditvermittler bei Immobilientransaktionen, Umsatz in 2004 10 Mio. EUR. (5)

AIM, London (Alternative Investment Market):

Seit Gründung 1995 erfolgten mehr als 1300 Börsengänge mit einem Kapitalvolumen von 16 Milliarden EUR. (5)
Das Wachstumssegment AIM der Börse London verzeichnet in 2004 über 300 Börsengänge 2004, Anfang 2005 bereits 47 Stück. (1)

M:access, Börse München:

Die Börse München plant mit M:access ein neues Segment für mittelständische Unternehmen, das im Juli starten wird. Spezielle Branchenkriterien wird es nicht geben. (4)

Gate M:(8)

Seit Anfang 2004 gibt es das Mittelstandssegment Gate M an der Börse Stuttgart gibt es seit Anfang 2004. Mit bislang 22 bei mittelfristig angestrebten 50 Teilnehmern hat Gate M noch wenig echte Bedeutung am deutschen Kapitalmarkt erreicht.

GEX: (3)

Die zu Jahresbeginn von der Deutschen Börse eingeführte Plattform GEX (German Entrepreneurial Index) für familiengeführte Unternehmen hat in den ersten Monaten seines Bestehens den DAX in der Weiterentwicklung übertroffen. Die notierten Unternehmen profitieren von einer verbesserten Wahrnehmung in Investoren- und Analystenkreisen. (3)

Studie IPO Watch Europe von PricewaterhouseCoopers:

Die Studie zu den Erstnotierungen an den europäischen Börsen belegt einen circa 10-prozentigen Anstieg bezüglich der Kapitalwerte gegenüber dem Vorjahr im ersten Quartal 2005. (5,76 Milliarden EUR/ 96 Unternehmen). Den größten Anteil verzeichnete London mit 2,25 Milliarden EUR und 65 Börsengängen, wobei 58 auf den Alternative Investment Market entfielen. (6)

Börsengänge in Deutschland: (1)

Jahr 2000: 142 Unternehmen
Jahr 2001: 26 Unternehmen

Jahr 2002: 7 Unternehmen
Jahr 2003: 0 Unternehmen
Jahr 2004: 6 Unternehmen (Mifa, Wincor Nixdorf, Postbank, Epigenomics, InTiCom Syst., Klassik Radio)

Börsengänge 2005 in Deutschland:
Paion (Biotechnologie)
Conergy (Solaranlagen)
Premiere (Bezahlfernsehen)
geplant: Cognis, Jerini, MTU, PV Crystalox Solar, Sick, Sirona, Springer Science, Wilex (2)

Weiterführende Literatur

(1) Börsensegment für kleine und mittlere Unternehmen gefordert Von Rosen: Bedeutung einer ausreichenden Eigenkapitalquote wird unterschätzt aus Börsen-Zeitung, 15.04.2005, Nummer 72, Seite 7

(2) Ein Dutzend Börsenaspiranten für 2005
aus Frankfurter Allgemeine Zeitung, 10.02.2005, Nr. 34, S. 23

(3) Der neue Index
aus FINANCE - Der Markt für Unternehmen und Finanzen Heft 4 vom 26.03.2005, Seite 038

(4) Börse München startet "Neuen Markt light" Segment "Maccess" für kleine Unternehmen und

Mittelständler löst im Sommer den Prädikatsmarkt ab
aus Financial Times Deutschland vom 23.03.2005, Seite 21

(5) Paris kreiert Börse für den Mittelstand
aus Frankfurter Allgemeine Zeitung, 15.04.2005, Nr. 87, S. 21

(6) Europäischer IPO-Markt zieht im ersten Quartal an Frankfurt dank Premiere auf Rang zwei vorgerückt
aus Börsen-Zeitung, 05.04.2005, Nummer 64, Seite 18

(7) Euronext gewinnt erste Minifirmen für neuen Markt Aktieninstitut fordert ähnliches Segment auch für Deutschland
aus Financial Times Deutschland vom 15.04.2005, Seite 19

(8) Gate-M - Handelsplattform nicht nur für den Mittelstand - Stuttgarts jüngstes Börsensegment feiert einjähriges Bestehen
aus Going Public, Heft 2/2005, S. 50-53

Impressum

Kommt eine neues Börsensegment für junge und mittelständische Unternehmen?

Bibliografische Information der deutschen Nationalbibliothek

Die Deutsche Nationalbibliothek verzeichnet diese Publikation in der deutschen Nationalbibliografie; detaillierte bibliografische Daten sind im Internet über http://dnb.d-nb.de abrufbar.

ISBN: 978-3-7379-0559-6

© 2015 GBI-Genios Deutsche Wirtschaftsdatenbank GmbH, Freischützstraße 96, 81927 München, www.genios.de

Alle Rechte vorbehalten. Dieses Werk ist einschließlich aller seiner Teile – z.B. Texte, Tabellen und Grafiken - urheberrechtlich geschützt. Jede Verwertung außerhalb der Grenzen des Urheberrechtsgesetzes bedarf der vorherigen Zustimmung des Verlags. Dies gilt insbesondere auch für auszugsweise Nachdrucke, fotomechanische

Vervielfältigungen (Fotokopie/Mikroskopie), Übersetzungen, Auswertungen durch Datenbanken oder ähnliche Einrichtungen und die Einspeicherung und Verarbeitung in elektronischen Systemen.